Super environman

2

LE DÉFI DÉCHETS

Scénario & Couleurs
Madaule

Dessins
Thomas Priou

BAMBOO ÉDITION

Bruno Madaule a quitté la scène de la bande dessinée le 12 septembre 2020 alors que la série Super Environman *était en pleine conception. Pour lui rendre un dernier hommage, quelques amis du métier ont décidé, avec l'aide du dessinateur Thomas Priou, de poursuivre l'aventure. Une main invisible sur l'épaule et l'autre sur le clavier, nul doute que l'âme de Bruno les a accompagnés durant l'élaboration du second tome.*

La famille Madaule tient à remercier les amis du métier (Priou, Sti, Dab's, Erroc et Cazenove) pour leur implication dans la réalisation de cet album.

PREMIÈRE ÉDITION - Dépôt légal : Mai 2021 - ISBN : 978-2-8189-7954-9
Imprimé et relié en France par PPO Graphic, 91120 Palaiseau

Pour être alerté de la sortie du prochain album, rendez-vous sur **www.bamboo.fr/alerte-nouveaute**

PEFC 10-31-1800 / Certifié PEFC / Ce produit est issu de forêts gérées durablement et de sources contrôlées / pefc-france.org

Prévisible

PAPA ! T'AS VU ÇA ?
LES PRÉVISIONNISTES SE SONT GOURÉS !
C'EST PAS DE 3, MAIS 7 DEGRÉS QUE ÇA VA AUGMENTER D'ICI 2100 !
SEPT DEGRÉS ! T'IMAGINES ? C'EST ÉNORME !
EFFECTIVEMENT ! C'EST ALARMANT...
D'AVOIR DES PRÉVISIONNISTES AUSSI INCOMPÉTENTS...

Le style

AH, PESTE !
UN DÉTRITUS ABANDONNÉ !
POF !
POF !
BARDAN BLONG
T'EN FAIS PAS UN PEU TROP, LÀ ?

Balance ton porc

SALUT ! BELLE JOURNÉE, NON ?
JE NE SALUE PAS LES PORCS QUI JETTENT LEURS ORDURES N'IMPORTE OÙ...

Le canapé

Z.
DIS-MOI, PAPA ...
HMM..
JE ME DISAIS... TOUS LES SUPER-HÉROS ONT UN POINT FAIBLE...
COMME SUPERMAN ET LA KRYPTONITE...
ET DONC, ÇA SERAIT QUOI LE TIEN ?
LE CANAPÉ...

Problème

TU TE RENDS COMPTE ? IL FAUDRAIT DEUX PLANÈTES TERRE ET DEMIE POUR SUBVENIR AUX BESOINS DES ÉTATS-UNIS !
UNE ET DEMIE POUR L'EUROPE...
ET ON PRÉVOIT QUATRE PLANÈTES SI L'ASIE CONTINUE SON ASCENSION !
C'EST ÉNORME, ÇA FAIT 39 PLANÈTES EN TOUT !
!
HEIN ? MAIS PAPA, ÇA EN FAIT HUIT !
ENFIN !
VOYONS !
OH, ÇA VA ! IL Y A PLUS IMPORTANT QUE LES CALCULS DANS LA VIE !
PFF, J'TE JURE !

Jour de chance

ON A SACCAGÉ LE RÉCUP'VERRE !
!?
ON A VANDALISÉ LE RÉCUP'VERRE CETTE NUIT !
EN PLEIN RÉCHAUFFEMENT CLIMATIQUE, C'EST CRIMINEL !
UNE HONTE !
COMMENT ON VA FAIRE MAINTENANT?
LÀ, IL EST COMPLÈTEMENT FICHU !
OH ! C'EST MON JOUR DE CHANCE !
J'AI QUE DU CARTON ET DU PLASTIQUE À TRIER AUJOURD'HUI !

Super discrétos

LÉA, TU CONNAIS LA QUALITÉ PRINCIPALE D'UN SUPER-HÉROS ?
EUH ...
... LA DISCRÉTION.
PERSONNE NE DOIT SAVOIR QUE TON PÈRE EST SUPERENVIRONMAN...
ON DOIT SE COMPORTER COMME UNE FAMILLE NORMALE...
ET NE PAS ATTIRER L'ATTENTION...

Love container

ET SINON, VOUS VENEZ SOUVENT JETER VOS DÉCHETS DANS LE COIN ?

Carton d'encrenage

REGARDEZ-MOI CE TRAVAIL ! IL EST COMPLÈTEMENT FICHU !
SUPERENVIRONMAN, IL VOUS FAUT AGIR ! ON PEUT PAS RESTER COMME ÇA !
APRÈS, C'EST L'ENGRENAGE !
OUI ! C'EST LA PORTE OUVERTE À TOUT, SINON !
PARCE QU'AUJOURD'HUI, C'EST LE CONTAINER À VERRE, MAIS DEMAIN, QU'EST-CE QUE CE SERA ?
HEIN ?
LE CONTAINER À CARTONS ?

Vigilance

LUNDI : VIGILANCE CANICULE.
MARDI : VIGILANCE ORAGE.
MERCREDI : VIGILANCE INONDATION.
JEUDI : VIGILANCE VENT VIOLENT.
VENDREDI : VIGILANCE CANICULE.
IL A L'AIR CREVÉ, TON PÈRE...
IL A ÉTÉ EN VIGILANCE TOUTE LA SEMAINE...
Z

Deux poids deux mesures

ATTENDEZ, MADEMOISELLE, LAISSEZ-MOI VOUS AIDER.
NON, NON, N'INSISTEZ PAS... ÇA ME FAIT PLAISIR...
CRAC
?
ENCORE UN PETIT EFFORT ET ON Y EST PRESQUE...
VERRE

Semi-écolo

À TOUT À L'HEURE, MA PUCE !
TU DOIS ÊTRE TROP FIÈRE D'AVOIR UN PAPA ÉCOLO, LÉA !
DÉCIDER D'ALLER EN VILLE EN COURANT PLUTÔT QU'EN VOITURE, C'EST TOPISSIME !
C'EST GRÂCE À DES GENS COMME LUI QUE LA PLANÈTE SERA SAUVÉE !
UNE PARTIE SEULEMENT !
IL MANQUE ENCORE D'ENTRAÎNEMENT POUR ÊTRE TOTALEMENT ÉCOLO !
TAXI

Ça marche

J'AI PAS ARRÊTÉ DE FAIRE DES MARCHES POUR LE CLIMAT...
STOCKHOLM, BRUXELLES...
PARIS !
TROIS FOIS !
ET TU CROIS QUE ÇA SERT À QUELQUE CHOSE ?
PLUTÔT OUI...
CINQ KILOS EN MOINS ET UN VENTRE PLAT !

Message codé

VOUS ALLEZ FAIRE QUELQUE CHOSE SUPERENVIRONMAN !
VOUS ALLEZ PAS NOUS LAISSER DANS CETTE GALÈRE !
VOUS ALLEZ RETROUVER, L'ORDURE QUI A FAIT ÇA, HEIN ?
PAPA, REGARDE, IL Y A UN TRUC ÉCRIT SUR LE CÔTÉ...
ÇA M'A TOUT L'AIR D'UN MESSAGE... L'INDIVIDU VEUT REVENDIQUER SON ACTE...
JE SUIS DÉCHETMAN ET JE DÉTESTE LES ÉCOLOS !
MAIS IL VA FALLOIR LE DÉCHIFFRER...
... ET C'EST PAS GAGNÉ...

Rdv

SPLACH SPLACH SPLACH
FROT FROT FROT
TCHIII
JE VAIS AU TRI…
PEUT-ÊTRE QUE JE RENTRERAI TARD…
SALUT

Le commencement

MUSEUM
ET DIRE QUE TOUT EST PARTI DE LÀ…
DE QUOI ? L'ÉVOLUTION ?
NON, LA POLLUTION…

À la dérive

ET DIRE QU'AU DÉBUT, IL N'Y AVAIT QU'UN SEUL CONTINENT...
PANGÉE
PUIS, ÇA A COMMENCÉ À SE CRAQUELER...
... POUR SE DIVISER...
ET LA DÉRIVE DES CONTINENTS A COMMENCÉ....
ET MÊME AUJOURD'HUI, ÇA CONTINUE...
COMMENT VEUX-TU QU'ON RÉDUISE LA POLLUTION DES TRANSPORTS SI LES DISTANCES S'ALLONGENT, AUSSI ?

Lame verte

DIS, LÉA...
ÇA SERAIT CLASSE QUE SUPERENVIRONMAN PORTE UNE ÉPÉE...
T'IMAGINES ! TEL UN CHEVALIER QUI VIENDRAIT À LA RESCOUSSE DE LA PLANÈTE !
ÇA AURAIT DE L'ALLURE...
PAR CONTRE, JE NE VOIS PAS LE PRIX DESSUS...
ÇA DOIT ÊTRE HYPER-CHER...

Héritage

L'ANTIQUITÉ A VRAIMENT ÉTÉ UNE PÉRIODE PROLIFIQUE...
LA PHILO, L'ARCHITECTURE, LES MATHÉMATIQUES...
LE DROIT, LA DÉMOCRATIE...
BEAUCOUP DE CHOSES PROVIENNENT DE CETTE PÉRIODE...
BON ET LA SALLE SUIVANTE C'EST... ?
BARBARIE ET MOYEN ÂGE...
ON A PAS MAL HÉRITÉ DE TRUCS DE CETTE PÉRIODE AUSSI...

L'habit ne fait pas le moineau

ET SINON, C'EST CENSÉ REPRÉSENTER QUOI, VOTRE TENUE ?
SUPER-ENVIRONMAN !
J'AI POUR MISSION DE LIBÉRER LA PLANÈTE DES POLLUEURS...
RÉEQUILIBRER LES RAPPORTS HUMAIN / NATURE...
... DE TROUVER UNE HARMONIE ÉTERNELLE AVEC L'ENVIRONNEMENT...
AAAH... VOUS ÊTES LE RESPONSABLE DES CONTAINERS...

Phase test

MÉTÉO
CETTE SEMAINE S'ANNONCE PARTICULIÈREMENT CHAUDE...
PUISQU'ON ATTEND UN DÉBUT D'ÉPISODE CANICULAIRE...
AVEC DES TEMPÉRATURES DÉPASSANT LES 40°C LE JOUR ET PAS MOINS DE 25°C LA NUIT...
YOUHOU !
C'EST L'OCCASION DE TESTER NOTRE ISOLATION QU'ON A REFAITE CET HIVER !

Spirale

LE CARTON, DANS LE CONTAINER À CARTONS...
CARTO
LE VERRE, DANS LE CONTAINER À VERRE...
VERRE
ET ENFIN, LES BOUTEILLES EN PLASTIQUE DANS...
LE CONTAINER À PLASTIQUES EST DÉTRUIT !
PLASTIQUE
ENCORE UN COUP DE CE FICHU DÉCHETMAN ! JE DOIS INTERVENIR !
OUAIS, VAS-Y, SUPERENVIRONMAN ! AGIS POUR LA PLANÈTE !
ET HOP ! DANS LE CONTAINER À CONTAINERS...
CONTAINER
PLASTIQUE

Noël en carton

AH LÀ LÀ, NOËL...
C'EST FOU TOUS CES CADEAUX AUJOURD'HUI...
C'EST LIMITE DU GASPILLAGE ...
À NOTRE ÉPOQUE, ON N'AVAIT PAS TOUT ÇA...
ON POUVAIT PASSER DES HEURES À JOUER AVEC UN BOUT DE CARTON...
OH, ÇA VA ! C'ÉTAIT MÊME PAS DU CARTON RECYCLÉ...

Diminutif

LILIOMORGIBOLUMOG....
LILIOMORGÜNBLOM...
JE PEUX VOUS APPELER LILI ?
BIEN SÛR, D'AUTANT PLUS QUE C'EST MON VRAI PRÉNOM !
AH BON ? VOUS AURIEZ PU ME LE DIRE PLUS TÔT...
C'EST COMME ÇA QU'ON ME SURNOMME DANS MON PAYS, EN ISLANDE...
ÇA VEUT DIRE "PETITE FLEUR DU MATIN EN HAUT DE LA COLLINE ENSOLEILLÉE..."
ET LILI ?
BEN, "PETITE"...

Chic planète

ALORS ÇA, C'EST DINGUE !
10% DES FRANÇAIS PENSENT QUE LA TERRE EST PLATE ! TU TE RENDS COMPTE ?
AH, CE SERAIT COOL SI LA TERRE ÉTAIT PLATE...
?
ÇA RÉSOUDRAIT LE PROBLÈME DE STOCKAGE DE DÉCHETS...
UN BON COUP DE BALAI ET HOP !
PAPA, T'ES VRAIMENT CRADO !

L'ennemi de mon ennemi est mon ennemi

JE PEUX PLUS SUPPORTER CE SUPERENVIRONMAN ET SON RÉCHAUFFEMENT CLIMATIQUE BIDON !
IL FAUT TROUVER UN MOYEN POUR S'EN DÉBARASSER...
SUPERENVIRONMAN EST LIÉ AU RÉCHAUFFEMENT CLIMATIQUE...
HMM... ET ALORS...
ALORS, J'AI PEUT-ÊTRE UNE SOLUTION...
ET DONC ?
STOPPONS LE RÉCHAUFFEMENT CLIMATIQUE !

Bon sens

JE SUIS DÉCHETMAN ET JE DÉTESTE LES ÉCOLOS !
MAIS PAPA, C'EST JUSTE ÉCRIT À L'ENVERS !
AH OUI...
MAIS POURQUOI ? POURQUOI À L'ENVERS ?
ÇA VEUT DIRE QUE L'INDIVIDU A ÉCRIT LE MESSAGE AVANT DE RENVERSER LE CONTAINER...
HA ! HA ! HA ! QUE T'ES NAÏVE ! C'EST EXACTEMENT CE QU'IL VEUT NOUS FAIRE CROIRE ! T'ES TOMBÉE DANS LE PANNEAU !
NON, SÉRIEUSEMENT, JE PENSE QU'ON A AFFAIRE À BATMAN...
ON EST DANS DU LOURD, LÀ...

Une chanson dure

JE T'AI RENCONTRÉE UN SOIR D'ÉTÉ...
... À L'ORÉE DES CONTAINERS...
TU M'AS REGARDÉ, JE T'AI REGARDÉE...
ON S'EST PRÉSENTÉ...
TU T'APPELAIS LILIOMORGÜNBLOM.
IL Y A PEUT-ÊTRE UNE FAIBLESSE VERS LA FIN...

Tap tap...

QU'EST-CE QUE VOUS FAITES ?
ON DEMANDE DE L'AIDE AUX ESPRITS POUR LUTTER CONTRE LE RÉCHAUFFEMENT CLIMATIQUE...
AUX ESPRITS !
PFFF... HAA ! HA ! HA ! HA !
OUI, BON... APRÈS TOUT, ÇA COÛTE RIEN D'ESSAYER...
BON COURAGE ! ...
ESPRIT... SI TU ES LÀ, TAPE UN COUP...
SI T'ES PAS LÀ
TAPE 10000 COUPS !
PFF HI ! HI !
TAP! TAP! TAP! TAP! TAP! TAP! TAP! TAP! TAP! TAP! TAP! TAP! TAP! TAP! TAP! TAP! TAP! TAP!
C'EST MALIN !

Le repaire

LÉA, QUI DIT SUPER-HÉROS, DIT...
EUH...
DIT REPAIRE DE SUPER-HÉROS !
REGARDE, J'AI CRÉÉ UN PASSAGE SECRET POUR Y ACCÉDER...
POF
C'EST ICI QU'OPÈRERA LA TRANSFORMATION DE TON PAPA EN SUPERENVIRONMAN !
OUI, BON, C'EST JUSTE UN VESTIAIRE FINALEMENT...

Lieux de rdv

CLONG
DIS, LILI...
CLONG
C'EST SYMPA DE SE VOIR...
J'APPRÉCIE BEAUCOUP...
MAIS EST-CE QU'ON POURRAIT PAS SE VOIR AILLEURS QU'AU MILIEU DES CONTAINERS ?
TU VEUX QU'ON SE VOIE DIRECTEMENT À LA DÉCHETTERIE ?

Y a plus de saisons

KALVIN KARL
SAISON ÉTÉ-HIVER

Pédagogie

AHAH ! J'AI FABRIQUÉ UN DÉTECTEUR DE POLLUEUR INFAILLIBLE !
OH ! ÇA VIBRE ! VOUS ÊTES UN POLLUEUR !
DZZZ
?
JE SUIS SUPERENVIRONMAN ET JE NE SUIS PAS CONTENT ! VOTRE ATTITUDE EST IRRESPONSABLE !
IL VA FALLOIR CHANGER DE COMPORTEMENT, COMPRIS ?
ET DÉJÀ ÉVITER DE SALIR LES TROTTOIRS...

Dans le mille

GLOU GLOU
HÉHÉ !
?
CHBENG
PAS MAL, CETTE APPLICATION POUR INCITER LES GENS À NE PLUS JETER LEURS DÉCHETS À CÔTÉ DES POUBELLES !
TUNK
GNA

Défense de fumier

BIENVENUE DANS MON JARDIN 100% ÉCOLO, PETITE FLEUR !
SUPERENVIRON-MAAAN !
?
BEUWAHH !
TU METS BEAUCOUP TROP DE FUMIER, P'PA !
?!

En toute transparence

POC
VOILÀ POURQUOI J'AI DÉCIDÉ DE NE PLUS NETTOYER LES VITRES...
ÇA N'A RIEN À VOIR AVEC DU LAISSER-ALLER...

Réchauffement

AAAAAH...
?
OH LÀ LÀ ! C'EST QUOI CETTE TÊTE DE FLAN À LA GUIMAUVE ?
TOI, TU AS REVU LILI !
VOUI !
ET ENTRE ELLE ET MOI, C'EST EN TRAIN DE DEVENIR TORRIDE !
NON ?
SI : ON A SIGNÉ ENSEMBLE UNE PÉTITION CONTRE LA PÊCHE AU POULPE NAIN !

C'est ton destin

MAIS T'ES QUI À LA FIN ?
JE SUIS SUPER-DÉCHETMAN !
DÉCH... ?
OUI ! ET JE M'INSURGE CONTRE CETTE DICTATURE ÉCOLOGIQUE !
DONT TU ES LE REPRÉSENTANT !
CAR JE RÉCLAME LE DROIT DE POLLUER ! JE VEUX ÊTRE UN DÉCHET, UN DÉTRITUS SI ÇA ME CHANTE !
JE VEUX TOUT DÉGUEULASSER...
!
?
ÍGN !

Court-circuit

?
SNIF
SNIF
QU'EST-CE QU'IL A TON PÈRE ? IL EST TOMBÉ SUR LA TÊTE ?
CRONCH
SLURP !
IL SE PREND POUR UNE VACHE ?
MEUH NON...
IL PRIVILÉGIE LES "CIRCUITS COURTS".
IL LIMITE AU MAXIMUM LES INTERMÉDIAIRES ENTRE LA PRODUCTION DU FRUIT ET LE CONSOMMATEUR.

À chacun son job

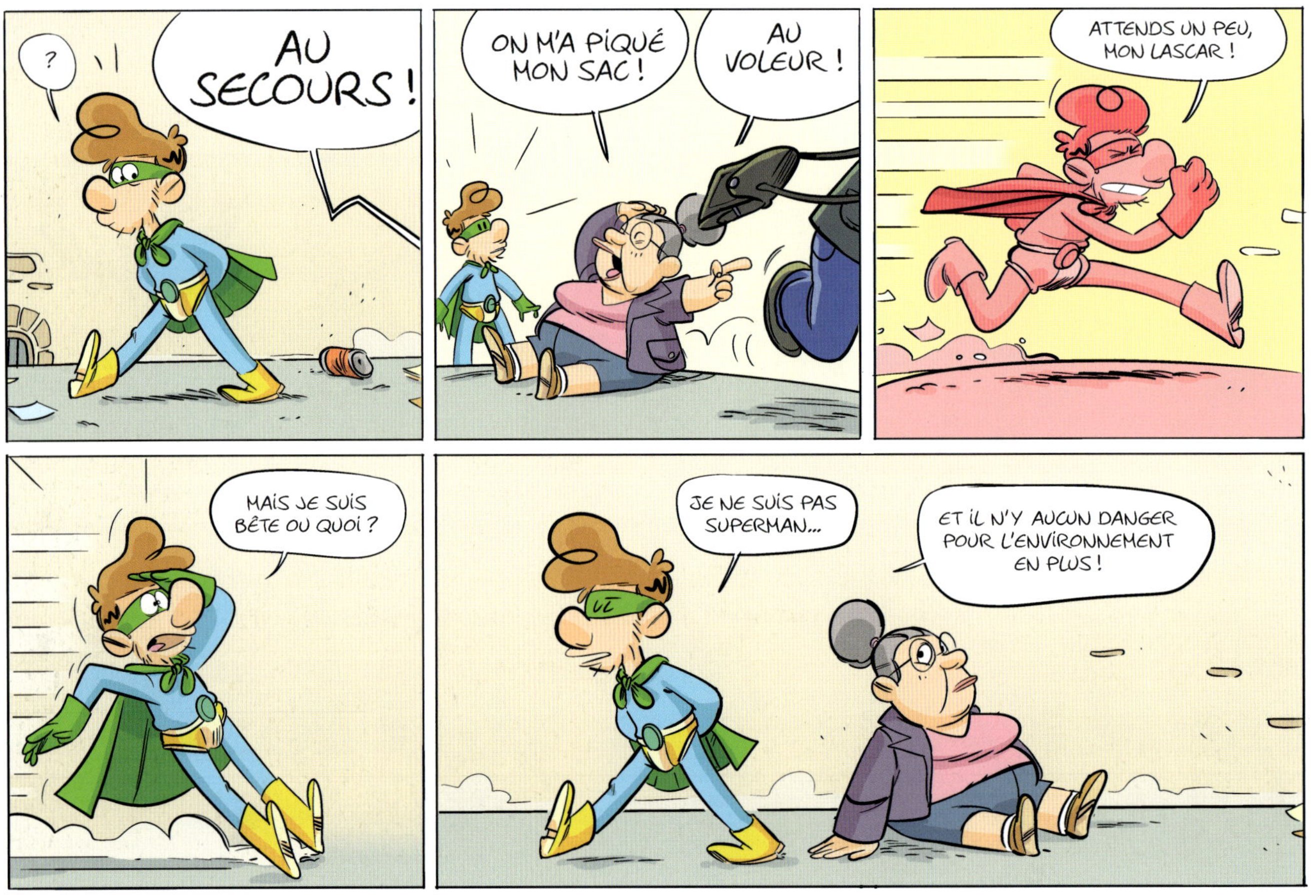
?
AU SECOURS !
ON M'A PIQUÉ MON SAC !
AU VOLEUR !
ATTENDS UN PEU, MON LASCAR !
MAIS JE SUIS BÊTE OU QUOI ?
JE NE SUIS PAS SUPERMAN...
ET IL N'Y AUCUN DANGER POUR L'ENVIRONNEMENT EN PLUS !

À côté de la plaque

LILI...
JE...
... JE VOUDRAIS TE DIRE...
... QUE DEPUIS NOTRE PREMIÈRE RENCONTRE...
... JE NE PENSE QU'À TOI...
ET...
JE...
VOILÀ...
LES DÉCHETS VERTS, C'EST LE CONTAINER D'À CÔTÉ...

Plan d'enfer

?
KOF KOF !
JE COMPRENDS L'IDÉE, PATRON...
C'EST VRAI QUE C'EST UN SUPER PLAN POUR POLLUER LA PLANÈTE...
MAIS VOUS DEVEZ PENSER À VOUS, AUSSI...
VOUS ALLEZ FINIR PAR VOUS RENDRE MALADE !
UN MÉGOT MET CINQ ANS À SE DÉGRADER.
KOF
KOF
HA HA ! JE SUIS DIABOLIQUE !

Le repaire 2

LÉA ! ÇA SUFFIT ! IL FAUT ARRÊTER DÉCHETMAN !
C'EST UNE MISSION TAILLÉE SUR-MESURE POUR SUPERENVIRONMAN !
C'EST L'OCCASION DE TESTER ENFIN MON REPAIRE !
CLIC
GNN!
BOUF!
POF!
HA ! HA !
À NOUS DEUX DÉCHETMAN !
!

Force 10

DZZZZ
JE FAIS APPEL AUX FORCES DES TÉNÈBRES...
WEUUUUWNNG !
GNIII !
BON, T'AS FINI TON CINOCHE ?
HOLALA... ON PEUT S'AMUSER UN PEU, NON ?
C'EST PAS TOUS LES JOURS QU'ON A UNE TEMPÊTE !

Coach vert

ELLE FAIT QUOI TA LILI ?
ELLE EST COACH SPORTIF...
AH OUI, JE VOIS LE GENRE...
COMMENT ÇA ?
EN FAIT, ELLE MOTIVE LES GENS À FAIRE DU SPORT À SA PLACE...
MOUAIS...
TU CROIS QUE COACH ENVIRONNEMENTAL, ÇA POURRAIT MARCHER ?
C'EST DÉJÀ LE CAS...
TOUS LES GENS MOTIVENT LES AUTRES À PRÉSERVER L'ENVIRONNEMENT À LEUR PLACE....
51

Gris d'alarme

LÉA, TU AVAIS RAISON ! C'EST TERRIFIANT !
QUOI DONC, P'PA ?
LE CHANGEMENT CLIMATIQUE A ENCORE FRANCHI UN CAP !
AH BON ?
UN CIEL QUI DEVIENT AUSSI SOMBRE EN PLEIN ÉTÉ, TU APPELLES ÇA COMMENT ?!
LA NUIT !
AH... DÉJÀ... ? N'EMPÊCHE, TU AVOUERAS QUE C'EST TROMPEUR...

À niveau

LE NIVEAU DES OCÉANS AUGMENTE TOUJOURS...
À CAUSE NOTAMMENT DE LA FONTE DES GLACES...
DES TERRES VONT ÊTRE ENGLOUTIES...
DES POPULATIONS VONT DEVOIR...
JE NE PEUX PLUS ME PERMETTRE D'ATTENDRE, C'EST TROP DANGEREUX...
?
PISCINE
JE VOUDRAIS M'INSCRIRE AU COURS DE NATATION...
C'EST ASSEZ URGENT.
?
STAGE NAUTIQUE
SAISON PRINTEMPS ÉTÉ

L'écologie, c'est du vent

TREMBLE, POLLUEUR !
TON IMPUNITÉ EST FINIE !
CAR TON MÉPRIS DE LA PLANÈTE A DÉCLENCHÉ LA COLÈRE DE...
SUPERENVIRON
MAN.
DIS, ÇA VA DURER ENCORE LONGTEMPS TON BLABLA ?
QUOI? TU PRÉFÈRES QU'ON UTILISE UN VENTILATEUR QUI CONSOMME UN MAX D'ÉLECTRICITÉ ?!
PFF
PFF
PFF

Grillé

OÙ TU VAS AVEC LE GRILLE-PAIN ?
JE LE JETTE, IL FONCTIONNE PLUS...
ATTENDS ! T'AS REGARDÉ SI TU PEUX PAS LE RÉPARER ?
?
SI ON PEUT ALLONGER LA VIE DE L'APPAREIL ÇA SERA BON POUR LA PLANÈTE...
TIENS, REGARDE, C'EST JUSTE CETTE LANGUETTE QUI EST TORDUE. EN APPUYANT ICI, ÇA DEVRAIT...
TZANG!
À TROP VOULOIR ALLONGER LA DURÉE DE VIE DES APPAREILS, TU ES EN TRAIN DE RACCOURCIR LA NÔTRE...

Duel aérien

TA FIN D'ACTIVITÉ EST PROCHE, DÉCHETMAN !
PARLE POUR TOI, ENVIRONMAN !
PONK
OUTCH
AÏE !
C'EST N'IMPORTE QUOI DE FAIRE UN DUEL EN PLEINE VIGILANCE VENT VIOLENT !

Un grand coup

GRRR
HMPF!
CHBONG
LÉA, Y EN A MARRE DE TOUTE CETTE POLLUTION ! J'AI DÉCIDÉ DE FRAPPER UN GRAND COUP !
QU'EST-CE QUE TU VAS FAIRE ?
BEN... ÇA Y EST... J'AI FRAPPÉ UN GRAND COUP ! T'AS PAS VU ?

Fratrie

HO !
LILI...
... QUELLE BONNE SURPRISE !
JE VOIS QUE TU TE PROMÈNES AVEC TON PETIT FRÈRE...
C'EST MON FILS !
QUOI ? INCROYABLE !
PARCE QUE BON, ÇA AURAIT PU...
ET SINON TOI, C'EST TA GRANDE SOEUR J'IMAGINE...

Art de la chaise

REGARDE, LÉA, J'AI RÉCUPÉRÉ UNE VIEILLE CHAISE SUR LE TROTTOIR...
PAR CONTRE, C'EST PAS TROP HARMONIEUX AVEC NOTRE MOBILIER...
ATTENDS, J'AI PEUT-ÊTRE UNE IDÉE...
LÀ, C'EST PLUS COHÉRENT, NON ?

Tenue

COMMENT ÇA, MA TENUE N'EST PAS RÉGLEMENTAIRE ?
JE PORTE BIEN UN MAILLOT DE BAIN POURTANT !

Violences

TU JOUES À QUOI ?
À MORTALBASTON WAR III...
TROP TOP !
ÇA A L'AIR VIOLENT...
TRÈS...
ET SINON TOI, TON JEU FAVORI C'EST QUOI ?
J'EN AI PAS...
LE TEMPS N'EST PLUS AUX LOISIRS... JE PENSE QUE L'HUMANITÉ EST EN TRAIN DE S'AUTODÉTRUIRE ET QUE NOTRE AVENIR EST SOMBRE...
NOTRE FUTUR SERA REMPLI DE PLUIES ACIDES ET RÈGNERONT TERREUR ET BARBARIE...
ÇA A L'AIR VIOLENT....

Road trip

ON A BIENTÔT FINI, CHEF ? JE DOIS FAIRE PIPI...
ENCORE UN TOUR DE QUARTIER...
HÉHÉ ! TROIS HEURES QU'ON ROULE NON STOP DANS LA VILLE, ÇA VA FAIRE UNE SACRÉE DOSE DE PARTICULES ET DE POLLUTION !
QUOI ? C'EST POUR ÇA QU'ON EST EN VOITURE DEPUIS TOUT CE TEMPS ?
BEN OUAIS ! TU CROYAIS QU'ON SE FAISAIT UN ROAD TRIP ENTRE POTES ?
J'AURAIS PEUT-ÊTRE DÛ VOUS DIRE QUE VOUS AVIEZ LOUÉ UNE VOITURE ÉLECTRIQUE, DU COUP...
BZZZZ
LOCA SELEC

Aqua bon

BONJOUR, JE SUIS JICÉ, VOTRE MAÎTRE NAGEUR...
ET JE VAIS FAIRE DE VOUS DES PRINCES DES MILIEUX AQUATIQUES...
AVEC MA MÉTHODE RÉVOLUTIONNAIRE, LA NATATION N'AURA PLUS DE SECRET POUR VOUS...
SI BIEN QUE MÊME DES DAUPHINS, À CÔTÉ DE VOUS, AURONT L'AIR RIDICULES !
D'AILLEURS, VOUS POUVEZ DEMANDER À MES ANCIENS ÉLÈVES...

Eau portable

ALORS LÀ, TU PEUX RIEN DIRE...
LA PISCINE N'EST REMPLIE QU'AVEC DE L'EAU DE RÉCUP...
DU RÉCUPÉRATEUR D'EAU DE PLUIE EXACTEMENT...
DONC, FINI LE GASPI !
ALORS, VAS-Y, TROUVE MOI UNE SEULE RAISON...
... DE NE PAS VENIR TE BAIGNER...

Veille technologique

PAPA ! C'EST COMME ÇA QUE TU SAUVES LE MONDE ?
MAIS BIEN SÛR, JE VEILLE !
LE PRÉSIDENT TROMP A DÉCLARÉ : "ÇA VA BIEN FINIR PAR SE REFROIDIR."
QUAND À LA TÉLÉ QUELQU'UN NIE LE RÉCHAUFFEMENT CLIMATIQUE...
... JE CHANGE DE CHAÎNE !
ZAP

L'huile

C'EST QUOI LA MARQUE DE TES GÂTEAUX ?
CROQUITOS AU PUTRELLA©
T'EN VEUX ?
NON, IL Y A DE L'HUILE DE PALME DEDANS...
JE NE SAVAIS PAS QU'ON POUVAIT FAIRE DE L'HUILE AVEC DES PALMES.
POUR PLANTER LES PALMIERS, ILS BRÛLENT LES FORÊTS INDONÉSIENNES, CE QUI PRODUIT PLEIN D'ÉMISSIONS DE GAZ À EFFET DE SERRE.
JE REGARDE PAS LA TÉLÉ ! QUELLE ÉMISSION ?
TU SAIS QUE POUR PRODUIRE CETTE HUILE, ILS TUENT DES ORANGS-OUTANS ?
IL FAUDRAIT SAVOIR ! C'EST DE L'HUILE DE PALME OU DE L'HUILE D'ORANG-OUTAN ?
ÇA TE GÊNE PAS QUE DES ORANGS-OUTANS SOIENT MORTS POUR TES GÂTEAUX?
ALORS ? QU'EST-CE QUE VOUS VOUS ÊTES RACONTÉ AVEC LA PETITE LÉA ?
TU SAVAIS QU'ILS METTENT DES MORCEAUX DE SINGE DANS LES CROQUITOS ?

Un gros mal de terre

LÉA, JE SAIS CE QU'IL FAUT FAIRE POUR DONNER UNE DIMENSION INTERNATIONALE À SUPERENVIRONMAN !
QUOI DONC ?
TU VAS FAIRE UNE PHOTO CHOC DE SUPERENVIRONMAN, JE VAIS CRÉER LE BUZZ SUR FESSEBOUC !
MOUAIS.
T'ES SÛR POUR LA POSE, LÀ ?
OUI, POURQUOI ?
C'EST UN PEU NUL !
T'Y COMPRENDS RIEN ! C'EST UNE ALLÉGORIE DU PROTECTEUR QUI SOUTIENT SA PLANÈTE MALADE !
OUPS.
CLIC
CRAC
BOUH HOU HOU ! JE N'AI PAS ÉTÉ CAPABLE DE RETENIR LA CHUTE DE NOTRE PLANÈTE !
PFF ! FAUT QUE T'ARRÊTES AVEC TES ALLÉGORIES !

Patrimoine génétique

NOUS ALLONS ATTAQUER SUPERENVIRONMAN PAR SON POINT FAIBLE !
AH ? C'EST QUOI ?
UNE ALLERGIE AU GLUTEN ?
EUH NON ...
UNE ALLERGIE AU SOLEIL ?
NON ...
AUX POTS D'ÉCHAPPEMENT ?
NON !
NON !
ET NON !
SON POINT FAIBLE, C'EST SA FILLE !
IL EST ALLERGIQUE À SA FILLE ?

Attrape-nigaud

OUCH !
PONK
CLING
BOLONG
GLONG
AH, BRAVO ! VOUS AVEZ INTÉRÊT À TOUT NETTOYER...
?
FINALEMENT, SUPERENVIRONMAN ÉTAIT PLUS FACILE À ATTRAPER.

Chant âge

AH, MAIS C'EST PAS CE QUI ÉTAIT PRÉVU...
JE VOULAIS LA PETITE POUR FAIRE CHANTER SUPERENVIRONMAN...
DU COUP, ÇA CHANGE TOUS MES PLANS...
QU'EST-CE QU'ON VA FAIRE DE LUI, MAINTENANT ?
ON POURRAIT L'UTILISER...
...POUR FAIRE CHANTER LA PETITE...

Nœud

TU RESTES LÀ LE TEMPS QU'ON RÉFLÉCHISSE À CE QU'ON VA FAIRE DE TOI…
HÉHÉ, ILS NE CONNAISSENT PAS LA SOUPLESSE D'ENVIRONMAN !
BLAM
¡GNNNNNN
GNIIIIIIIARR !
BLANK !
BARDAM !
ET MOI QUI AVAIS FAIT UN SIMPLE NŒUD POUR M'ÉVITER DE M'EMBÊTER À VOUS DÉTACHER…

Sac de nœuds

HOLÀLÀ ! TOUT EST COINCÉ À MORT.
COMMENT ON VA DÉMÊLER TOUT ÇA, MAINTENANT ?
IL Y EN A POUR DES HEURES !…
TANT PIS, ON A QU'À S'EN DÉBARRASSER…
PLUTÔT JETER QUE RÉPARER ! BONJOUR LE GASPILLAGE !

Encombrant

ALLÔ ? JE VOUDRAIS LE SERVICE DES ENCOMBRANTS.
?

Côté sombre

REGARDE TOI, MINABLE, AVEC TON VÉLO POURRI !
TU CROIS FAIRE QUOI COMME ÇA ? SAUVER LE MONDE ?
HA ! HA ! HA !
ALLEZ, VIENS ME REJOINDRE. TOUS LES DEUX ON RÈGNERA EN MAÎTRES SUR CETTE TERRE !
VIENS ME REJOINDRE DU CÔTÉ DES POLLUEURS...
LE CÔTÉ OBSCUR ? NON MERCI, PAS POUR MOI...
KOF !
KOF !

Peau de banane

JE FAIS QUOI DE MA PEAU DE BANANE, DÉJÀ, LÉA ?
CHOMP CHOMP
TU PEUX LA METTRE AU COMPOST !
AH OUI, VOILÀ !
OU SINON, TU T'EN SERS POUR CIRER TES CHAUSSURES OU NETTOYER LES COUVERTS EN ARGENT...
OH ?
ÇA NETTOIE AUSSI TRÈS BIEN LES FEUILLES DES PLANTES, ET SI TU L'ENTERRES DANS LE JARDIN, ÇA ÉLOIGNERA LES PUCERONS...
TOUT ÇA ?
BLANCHIR LES DENTS, SOIGNER LES PETITS BOBOS... LA PEAU DE BANANE, C'EST LE PRODUIT MIRACOLO-ÉCOLO, P'PA ! ÇA SERT À TOUT !
... MAIS RÉPARER LES TÉLÉS, J'SUIS PAS SÛRE !
ATTENDS UN PEU, ON SAIT JAMAIS !

Bien rangé

MAIS QU'EST-CE QUE TU FAIS ?
LAISSE, ÇA ME DÉRANGE PAS...
JE T'AVOUE QUE JE SUIS LÉGÈREMENT MANIAQUE...
ET QUE J'AIME BIEN QUE LES CHOSES SOIENT À LEUR PLACE...
VOILÀ, TOUT EST EN ORDRE...

Du rab

PRENEZ UNE FRITE ET ALLONGEZ-VOUS À LA SURFACE DE L'EAU...
PLOUF
BULB BUUB BUR...
JE PEUX AVOIR UN RAB DE FRITES ?

Naturellement

TIP
TU SERAS MIEUX DANS TON MILIEU NATUREL, PETIT PAPILLON...
GNIAP !

Burger business

JE VOIS QUE VOUS AVEZ DES HAMBURGERS BIOS...
O' BURG
OUI, C'EST POUR ATTIRER UNE NOUVELLE CLIENTÈLE...
AH, D'ACCORD, C'EST PAS POUR LE BIEN-ÊTRE DE LA PLANÈTE... C'EST JUSTE POUR LE FRIC...
AH NON, POUR L'ARGENT, NOUS AVONS LE BURGER BIG.
IL N'EST COMPOSÉ QUE DE PRODUITS DE SECOND CHOIX...
ET NOUS LE VENDONS HYPER-CHER...

Grand bain (de sang)

ÇA VA LA CONSCIENCE, TRANQUILLE ? TUEURS D'ORANGS-OUTANS !

Une idée dans le vent

QU'EST-CE QUE TU FABRIQUES ?
UN OBJET QUI VA CONTRIBUER À SAUVER LA PLANÈTE !
OH ?
MAIS OUI, REGARDE ! UN VENTILATEUR SUR LEQUEL J'AI FIXÉ UNE PETITE ÉOLIENNE...
PLUS BESOIN DE CENTRALE À CHARBON OU NUCLÉAIRES, UNE PETITE BRISE ET HOP ! LE VENTILO EST OPÉRATIONNEL !
UN VENTILATEUR QUI MARCHE QUAND IL Y A DU VENT ! ELLE EST DÉBILE TON IDÉE, PAPA !!
BEN C'EST ÇA ! DÉNIGRE TOUTES LES INVENTIONS QUI PRÉSERVENT L'ENVIRONNEMENT !
EH BIEN PUISQUE C'EST COMME ÇA, JE LUI MONTRE PAS MON PARAPLUIE À PANNEAUX SOLAIRES...

Chamboulement

LES FILLES, ÇA FAIT LONGTEMPS QUE VOUS ÊTES DEVANT LA TÉLÉ...
SORTEZ UN PEU, IL FAIT BEAU EN PLUS...
QUI TE DIT QU'IL VA PAS TOMBER UNE GROSSE AVERSE DANS 5 MINUTES ?
AVEC LE RÉCHAUFFEMENT CLIMATIQUE, LE TEMPS EST DEVENU IMPRÉVISIBLE...
DONC, ON PRÉFÈRE RESTER DEDANS... C'EST PLUS PRUDENT...
BEN QUOI ? ON PEUT BIEN TROUVER QUELQUES AVANTAGES AU RÉCHAUFFEMENT CLIMATIQUE !

Allumer le feu

TU SAIS, PAPA, SI ÇA SE TROUVE, TON FAUTEUIL EST TOXIQUE !
TOXIQUE ? QU'EST-CE QUE TU RACONTES ?
IL PARAÎT QU'ON Y AJOUTE DES PRODUITS GENRE RETARDATEURS DE FLAMMES QUI SONT DES PERTURBATEURS ENDOCRINIENS.
HEIN ?
TU... TU CROIS QU'IL Y EN A DANS MON FAUTEUIL ?
COMMENT LE SAVOIR ?
COMME ÇA PEUT-ÊTRE.
JE PENSE QUE MON CANAPÉ NE CONTIENT PAS DE RETARDATEUR DE FLAMMES.
MOI JE PENSE QU'ON N'A PLUS DE CANAPÉ.

Entraînement

LÉGUMES 100% BIOS
PRODUITS FRAIS MEGA BIOS
VINS SANS SULFATES HYPER-BIOS
AAAAAAAAAAAAAAAH !
37 SECONDES DANS LE MAGASIN BIO. RECORD BATTU, BRAVO PATRON !
J'ARRÊTE, C'EST TROP DUR !

Soupape

ENJEUX CLIMATIQUES, BILAN CARBONE...
CULTURE BIO, RÉDUCTION DES DÉCHETS...
CIRCUITS COURTS, ÉNERGIE RENOUVELABLE...
UN INSTANT, MA CHÉRIE, JE REVIENS.
CLAC
COLORANTS ! OGM ! DIESEL ! GRAS !
TU DISAIS, MA CHÉRIE ?
Y A DES JOURS OÙ JE CRAQUE UN PEU.

Nouvelle miction pour Superenvironman

C'EST BIEN, TU PROGRESSES...
C'EST CHOUETTE, LA PISCINE !
DOMMAGE QU'ILS METTENT PLEIN DE PRODUITS CHIMIQUES DANS L'EAU, C'EST PAS TRÈS ÉCOLO...
AH BON ?
OUAIS, DU CHLORE, DU BROME, DE L'OXYGÈNE ACTIF, DES POUDRES POUR LE PH, DES ALGICIDES...
LA VACHE !
...
ET LE PRODUIT QUI DETECTE LE PIPI, TU CROIS QUE ÇA EXISTE VRAIMENT ?

Le tri de trop

EXCUSEZ-MOI...
LE BOCAL, LÀ, ON PEUT METTRE LE COUVERCLE OU PAS DANS LE CONTAINER...
BEN NON, C'EST DU MÉTAL...
AH. OK... MERCI...
ET LA BOUTEILLE, IL RESTE UN PEU D'EAU. JE FAIS QUOI AVEC ?
BEN, VOUS LA VIDEZ...
J'AI UN CARTON, LÀ, ET IL Y A DU SCOTCH DESSUS... JE FAIS COMMENT ?
VOUS ÊTES SÛR DE VOUS, LÀ ?
SÛR !
CARTON
CASSE-PIED

Inattention

CRUNCH
MIAM
SURLP
CROC
SLURP
BOUH-HOU HOUUU !
ALLONS, ALLONS ! ÇA PEUT ARRIVER À TOUT LE MONDE D'ÊTRE ÉCOLO ! ON N'EST PAS TOUJOURS ATTENTIF !

Urgence rouge

GNIIIII
GNIAAR! GNIIIIII! GNNN!
JE PRÉFÉRERAIS QU'ON REMETTE LA MANIF À PLUS TARD...
URGENCE CLIMAT

Cours primaire

C'EST VRAIMENT BIEN CE QU'ILS APPRENNENT AUJOURD'HUI À L'ÉCOLE...
OUI, IL Y A BEAUCOUP DE THÈMES QUI TRAITENT DE L'ENVIRONNEMENT...
C'EST IMPORTANT DE LEUR EXPLIQUER LES BONS GESTES DÈS LEUR PLUS JEUNE ÂGE..
ET DE LEUR APPRENDRE À VIVRE AVEC LEUR TEMPS...
JUSTEMENT, TOI PAPI, TU AVAIS QUOI À TON ÉPOQUE À L'ÉCOLE ?
DES COURS SUR COMMENT POLLUER LA PLANÈTE ?

Brasse coulée

J'AI ARRÊTÉ LES COURS DE NATATION, J'EN AVAIS ASSEZ !
BEN POURQUOI TU PRENDS TES AFFAIRES DE PISCINE, ALORS ?
PARCE QUE J'AI RENDEZ-VOUS LÀ-BAS AVEC LILI !
À PLUS TARD !
AH, ELLE EST LÀ !
JE SUIS LÀ, LILI !
T'ES PRÊT ?
EUH... OUI ! POURQUOI ?
ALLEZ, ENCORE DIX LONGUEURS.
ALORS, CE RENDEZ-VOUS ?
J'AI REPRIS LES COURS !

Système flambant neuf

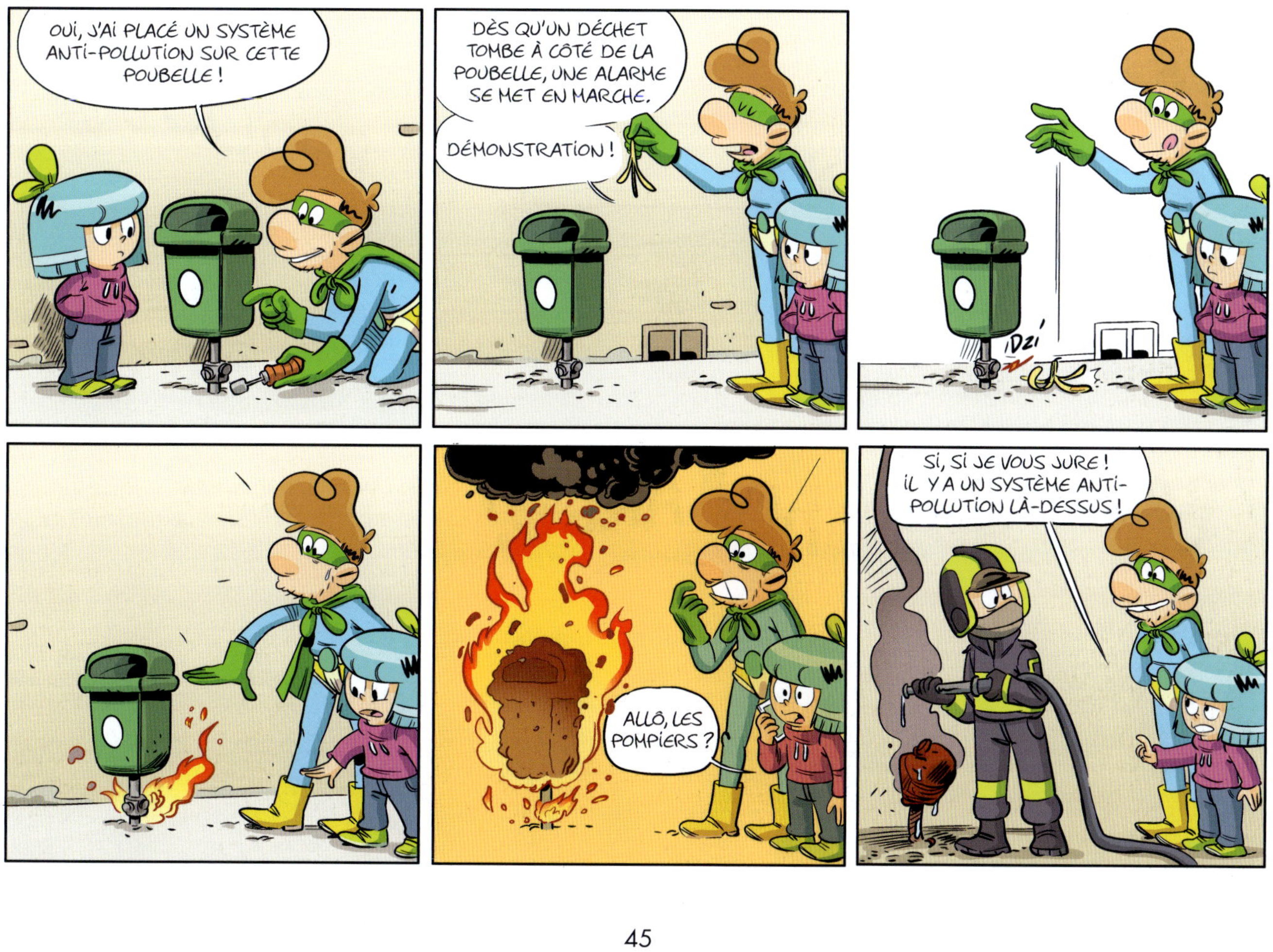
OUI, J'AI PLACÉ UN SYSTÈME ANTI-POLLUTION SUR CETTE POUBELLE !
DÈS QU'UN DÉCHET TOMBE À CÔTÉ DE LA POUBELLE, UNE ALARME SE MET EN MARCHE.
DÉMONSTRATION !
DZI
ALLÔ, LES POMPIERS ?
SI, SI JE VOUS JURE ! IL Y A UN SYSTÈME ANTI-POLLUTION LÀ-DESSUS !

Un dégradé sur le côté

POM
POM
POM
QU'EST-CE QUE... ?
NON, NON, NON, NON, NON !
QU'EST-CE QUI T'ARRIVE ?
GNN
REGAAAAARDE ! JE PERDS MES CHEVEUX !
SUPERENVIRONMAN NE PERD PAS SES CHEVEUX, IL SE BIO-DÉGRADE...

Empreinte virtuelle

BROUWWW
USA
BROOOoo
BRÔÔÔÔÔ
AAAARGG !
C'ÉTAIT HORRIBLE ! JAMAIS JE N'AVAIS FAIT UN RÊVE AUSSI POLLUANT !

MADAULE - PRIOU
STI - DAB'S - ERROC & CAZENOVE